Harald Oblinger

Unternehmenscontrolling mit SAP im System R/3 - Das Modul

Harald Oblinger

Unternehmenscontrolling mit SAP im System R/3 - Das Modul CO

GRIN Verlag

Bibliografische Information der Deutschen Nationalbibliothek: Die Deutsche Bibliothek
verzeichnet diese Publikation in der Deutschen Nationalbibliografie; detaillierte bibliografische Daten sind im Internet über http://dnb.d-nb.de/ abrufbar.

1. Auflage 2008
Copyright © 2008 GRIN Verlag
http://www.grin.com/
Druck und Bindung: Books on Demand GmbH, Norderstedt Germany
ISBN 978-3-640-11536-5

Inhaltsverzeichnis

Abkürzungsverzeichnis

AA	=	Asset Accounting
Aufl.	=	Auflage
bzw.	=	beziehungsweise
CO	=	Controlling
CO-CCA	=	Kostenstellenrechnung
CO-OM	=	Gemeinkostenrechnung
CO-PA	=	Ergebnisrechnung
CO-PC	=	Produktkostenrechnung
d.h.	=	das heißt
EC	=	Unternehmenscontrolling
etc.	=	und so weiter
f.	=	folgende
ff.	=	fortfolgende
ggf.	=	gegebenenfalls
FI	=	Financials
GuV	=	Gewinn– und Verlustrechnung
HR	=	Human Resources
i.V.m.	=	im Vergleich mit
MM	=	Material Management
PD	=	Personnel Development
z. B.	=	zum Beispiel
PP	=	Production Planning
SAP	=	Systeme, Anwendungen, Produkte in der Datenverarbeitung
SD	=	Sales and Distribution
sog.	=	sogenannte
vgl.	=	vergleiche

Abbildungsverzeichnis

Literaturverzeichnis

BRÜCK, U. (2008): SAP – Controlling – Praxishandbuch. 2., überarbeitete und aktualisierte Auflage, Bonn: Galileo Press GmbH.

CDI (Hrsg.) (1998): SAP R/3 Einführung. Grundlagen, Anwendungen, Bedienung. Haar bei München: Markt & Technik.

FRIEDL, G. / HILZ, C. / PEDELL, B. (2008): Controlling mit SAP. 5., überarbeitete Auflage, Wiesbaden: Vieweg & Sohn.

HEUSER, R. / GÜNTHER, F. / HATZFELD, O. (2003): Integrierte Planung mit SAP – Konzeption, Methodik, Vorgehen. 1., Auflage, Bonn: Galileo Press GmbH.

JOSSÉ, G. (2000): Basiswissen Kostenrechnung. 2., durchgesehene Auflage, München: Deutscher Taschenbuch Verlag GmbH & Co. KG.

JÓRASZ, W. (2003): Kosten- und Leistungsrechnung. 3., überarbeitete und erweiterte Auflage, Stuttgart: Schäffer-Poeschel.

KLENGER, F. / FALK-KALMS, E. (2005): Masterkus, Kostenstellenrechnung mit SAP. 4., verbesserte und erweiterte Auflage, Wiesbaden: Vieweg & Sohn.

LIENING, F. / SCHERLEITHNER, S. (2001): SAP R/3 - Gemeinkostencontrolling, Release 4.6. 1., Auflage, München: Addison-Wesley.

SAP AG (1996): SAP AG (Hrsg.), System R/3, Gemeinkosten-Controlling. Walldorf: SAP AG.

TEUFEL, T. / RÖHRICH, J. / WILLEMS, P. (2000): SAP-Prozesse: Finanzwesen und Controlling. 2., Auflage, München: Addison-Wesley.

WENZEL, P. (1996): Betriebswirtschaftliche Anwendung des integrierten Systems SAP R/3. Braunschweig/Wiesbaden: Vieweg & Sohn.

Internet:

SAP AG (2008): SAP - Knowledge Warehouse. Online im Internet: "URL: http://help.sap.com/saphelp_46c/helpdata/de/02/30793485231774e10000 009b38f83b/frameset.htm [Stand: 14.05.2008]".

SAP AG (2008): SAP – Im Überblick Online im Internet: "URL: http://www.sap.com/germany/about/investor/ueberblick/index.epx [Stand: 14.05.2008]".

1 Vorwort

Informationen gewinnen in Unternehmen heutzutage eine immer größer werdende Bedeutung, da die Globalisierung und immer kürzer werdende Entwicklungs-
zyklen die Wirtschaft verändern und die Unternehmen zwingen, schneller auf
Veränderungen des Marktes zu reagieren. Die Aufgabe der Versorgung des Unternehmens bzw. der Führungsebene des Unternehmens mit Informationen fällt
dabei vor allem dem Controlling zu. Weitere wichtige Aufgaben, neben den Aufgaben der Planung, Kontrolle und Steuerung ist die Aufgabe der Informations-
aufbereitung bzw. Informationsversorgung. Um dieser Aufgabe gerecht werden
zu können, ist der Einsatz eines EDV-gestützten Controllings praktisch unent-
behrlich. Die SAP AG bietet mit dem System R/3 in Verbindung mit dem Modul
„Controlling" (CO) ein umfangreiches Instrument zur Unterstützung des Controllings eines Unternehmens an. Es kann bei Bedarf noch um das Modul „Unternehmenscontrolling" (EC) ergänzt werden. Neben diesen beiden Modulen unterstützen die Informationssysteme anderer R/3-Module den Controller.

Gegenstand dieser Arbeit soll das Modul Controlling mit seinen Möglichkeiten im
Bereich der Kostenrechnung sein. Die Arbeit soll dabei Controlling unerfahrenen
Lesern einen Einblick in das Modul CO gewähren. Zu diesem Zweck werden die
Grundlagen der Kostenrechnung kurz behandelt, um das Verständnis der übrigen
Teile zu erleichtern und begriffliche Unterschiede zwischen der, in der betriebswirtschaftlichen Literatur verwendeten und der SAP- eigenen Begrifflichkeit auf-
zuzeigen. Abschließend soll in einem kurzen anwendungsorientierten Teil der
praktische Einsatz des R/3-Controllings dargestellt werden. Als Beispiel soll hier
die Kostenstellenplanung als zentrales Instrument des Controllings dienen, um
einen Einblick über die Funktionsvielfalt und den großen Umfang des Moduls zu
geben.

2 Überblick über das Unternehmen SAP AG und ihr Produkt SAP R/3

2.1 Kurzporträt des Unternehmen SAP AG

Das Unternehmen **SAP** (**S**ysteme, **A**nwendungen, **P**rodukte in der Datenverar-
beitung) wurde 1972 von fünf IBM-Mitarbeitern in Walldorf gegründet und hat sich
in den Folgejahren von einem regionalen Softwarehersteller zum weltweit füh-
renden Anbieter von Unternehmenssoftware entwickelt. SAP-Lösungen sind bei
über 46.100 Kunden in mehr als 120 Ländern im Einsatz. Von den 1.000 größten
Unternehmen der Welt (nach der Rangliste des Wirtschaftsmagazins Fortune)

nutzen 75 % die Software von SAP. Darüber hinaus verfügt die SAP durch ihr Support-, Beratungs- und Schulungsangebot über ein ausgewogenes Portfolio von weiteren Erlösquellen.

Der Marktanteil von SAP unter den Anbietern von „Core Enterprise Applications" beläuft sich auf 26 % und ist damit fast doppelt so hoch wie der des nächstgrößten Mitbewerbers. Darüber hinaus erwirtschaftete SAP auch hohe Erträge für ihre Aktionäre. Über die vergangenen zehn Jahre konnte SAP eine durchschnittliche jährliche Wachstumsrate von 17 % bei den Umsätzen und 18 % beim Betriebsergebnis verzeichnen, während beim Aktienkurs eine durchschnittliche jährliche Rendite von rund 17 % erreicht wurde. Die SAP AG ist an verschiedenen Börsen einschließlich der Frankfurter Wertpapierbörse und der New Yorker Wertpapierbörse (NYSE) unter dem Tickersymbol "SAP" gelistet.

Die Geschichte der SAP ist der stete Aufstieg von einem kleinen 5-Mann-Unternehmen mit Sitz in der Rhein-Neckar-Region zu einem der weltweit größten unabhängigen Softwareanbieter mit mehr als 43.800 Mitarbeitern und Niederlassungen in mehr als 50 Ländern und erzielte im Geschäftsjahr 2007 einen vorläufigen Umsatz von 10,3 Milliarden Euro (vgl. SAP ONLINE 2008).

2.2 Das Produkt SAP R/3

SAP R/3 ist eine Familie integrierter Komponenten (z.B. Produktion, Vertrieb, Controlling, Logistik, Personalwirtschaft), die als Ganzes oder stufenweise eingesetzt werden können. Das „R" steht dabei für „Realtime". Dies bedeutet, dass die Anwender auf erfasste oder veränderte Daten an unterschiedlichen Stellen der Prozesskette zeitaktuell zugreifen können, die „3" steht für die 3. Version der Software. Die Standardsoftware deckt nahezu alle betriebswirtschaftlichen Aufgaben eines Unternehmens EDV-technisch ab. Bei veränderten Rahmenbedingungen, z.B. technologischer Weiterentwicklung, Jahressteuergesetze, EURO, etc., wird die Standardsoftware vom Hersteller angepasst, wodurch dem Kunden eigene, individuelle Aktualisierungen erspart werden. Die Software wird mittlerweile in 28 Sprachen (inkl. Japanisch) und in 19 Branchenlösungen angeboten (vgl. CDI 1998, 14 f.).

Ein modernes Controlling nutzt Komponenten aus verschiedenen Produktfamilien des Hauses SAP. Die Klassiker sind die Controllingmodule Gemeinkostenrechnung, Produktkostenrechnung und Ergebnisrechnung des Systems R/3. Die Stärken des Controllings mit SAP R/3 liegen in der Integration mit praktisch allen anderen SAP-Modulen. Bei jedem betriebswirtschaftlichen Vorgang im Unter-

nehmen werden automatisch die entsprechenden Buchungen im Controlling generiert. Betriebswirtschaftliche Vorgänge in diesem Sinne sind:

- **Entnahme von Rohmaterial für die Produktion**
- **Erfassung von Personal- oder Maschinenzeit für die Fertigung**
- **Fertigmeldung von Produkten und Ablieferung an ein Lager**
- **Lieferung und Verkauf von Produkten**
- **Buchung von Aufwand/Kosten für Personal, Energie, Abschreibungen etc.**

Beim gemeinsamen und abgestimmten Einsatz der SAP-Module Materialwirtschaft, Produktion, Vertrieb und Finanzbuchhaltung braucht sich der Controller um die Übernahme dieser Buchungen nicht mehr zu kümmern. Ein Monatsabschluss dauert nach dem Buchungsschluss der Finanzbuchhaltung im Idealfall nicht Tage oder Wochen, sondern nur noch wenige Stunden. Der Controller kann sich so seiner eigentlichen Aufgabe widmen (vgl. BRÜCK 2008, 20).

3 Grundbegriffe der Kosten- und Leistungsrechnung

Um den Einstieg in das R/3-Controlling zu erleichtern, werden in diesem Abschnitt die Grundbegriffe der Kostenrechnung kurz definiert.

3.1 Begriffsdefinitionen

3.1.1 Aufwand und Kosten

Unter **Aufwand** versteht man den Werteverzehr, der durch Einsatz von Produktionsfaktoren im Rahmen der Leistungserstellung anfällt. Dazu gehören der Gebrauch von Betriebsmitteln, der Verbrauch von Werkstoffen und die Inanspruchnahme von Diensten. Aufwand ist der bewertende Werteverzehr laut Finanzbuchhaltung. Unter neutralem Aufwand versteht man Aufwendungen, wenn sie betriebsfremd (z.B. Verlust aus Wertpapierverkauf), periodenfremd (z.B. Gewerbesteuernachzahlung) oder in außergewöhnlicher Höhe anfallen (z.B. Enteignungsverlust).

Als **Kosten** bezeichnet man den Teil des Aufwands, der für die betriebliche Leistungserstellung und Leistungsauswertung anfällt (betrieblicher Aufwand). Kosten entstehen, wenn drei Merkmale erfüllt sind:

1. Es muss ein mengenmäßiger Güter- und Leistungsverbrauch vorliegen.
2. Der Güter- und Leistungsverbrauch muss leistungsbezogen sein.

3. Es muss eine Bewertung der leistungsbezogenen Verbrauchsmengen erfolgen.

Kosten können nach unterschiedlichen Gesichtspunkten eingeteilt werden. Grundsätzlich kann unterschieden werden in **Einzel- und Gemeinkosten, fixe und variable Kosten sowie in primäre und sekundäre Kosten** (vgl. JOSSÉ 2000, 180).

3.1.1.1 Einzel- und Gemeinkosten

- **Einzelkosten** lassen sich direkt den einzelnen Kostenträgern zurechnen. Das bedeutet, dass Einzelkosten verrechnungstechnisch nicht die Kostenstellenrechnung durchlaufen müssen, sondern direkt in die Kostenträgerrechnung einfließen können (z.B. Fertigungslöhne).
- **Gemeinkosten** hingegen können nur direkt auf die Kostenträger verrechnet werden. Dazu muss vor der Kalkulation die Kostenstellenrechnung zwischengeschaltet werden. Gemeinkosten werden von mehreren Kostenträgern verursacht und müssen deshalb mit Hilfe der Kostenstellenrechnung verteilt werden (z.B. Hilfslöhne). Dies geschieht mit Hilfe von Bezugs- oder Schlüsselgrößen (vgl. JÓRASZ 2003, 57).

3.1.1.2 Fixe und variable Kosten

- **Fixe Kosten** sind solche, die unabhängig von der Beschäftigung oder Ausbringung in konstanter Höhe anfallen und lediglich kapazitätsabhängig oder zeitproportional sind (z.B. Abschreibungskosten einer Maschine). Fixe Kosten sind immer Gemeinkosten, Gemeinkosten allerdings nicht immer fixe Kosten (z. B. Mieten)
- **Variable Kosten** sind grundsätzlich abhängig von der Beschäftigung. Grad und Art der Abhängigkeit variieren jedoch. Variable Kosten können sowohl Einzelkosten (z. B. Materialkosten), als auch Gemeinkosten sein (z. B. Heizkosten für eine Fertigungshalle) (vgl. JÓRASZ 2003, 58 f.).

3.1.1.3 Primäre und sekundäre Kosten

Bei den primären und sekundären Kosten wird hinsichtlich der Herkunft der Einsatzfaktoren, die den Kosten zugrunde liegen, unterschieden.

- **Primäre Kosten** stellen den bewerteten Verbrauch von Einsatzfaktoren dar, die das Unternehmen von außen, d.h. von den Beschaffungsmärkten, bezogen hat (z. B. Lohnkosten, Materialkosten).

- **Sekundäre Kosten** stellen dagegen den bewerteten Verbrauch von Einsatzfaktoren dar, die das Unternehmen selbst erstellt hat (z. B. Kosten für selbsterstellten Strom) (vgl. JOSSÉ 2000, 195 ff.).

3.1.2 Erträge und Leistungen

Erträge sind der gesamte Wertzuwachs durch erstellte Güter und Dienstleistungen innerhalb einer Abrechnungsperiode. Sie lassen sich unterscheiden in:

- **Betriebsbezogene Erträge:** Sie sind das Ergebnis der betrieblichen Leistungserstellung und -verwertung. Sie werden als Leistungen den Kosten in der Kosten- und Leistungsrechnung gegenübergestellt (z. B. Verkauf von Fertigerzeugnissen).
- **Neutrale Erträge:** Sie resultieren grundsätzlich nicht aus der Erstellung und Verwertung der Güter und Dienstleistungen (z. B. Gewinne aus Wertpapieren) (vgl. JOSSÉ 2000, 199).

Leistungen sind das Ergebnis der betrieblichen Tätigkeit, also die erstellten Güter und Dienstleistungen. Sie ergeben sich, wenn ein Produkt oder eine Dienstleistung für einen bestimmten Preis abgesetzt wird. Hier ist jedoch auf eine SAP-R/3 Besonderheit bezüglich der Begriffe hinzuweisen. Entgegen der gängigen Praxis benutzt die SAP AG nicht den Begriff Leistungen in der R/3-Kosten- und Leistungsrechnung. Sie stellt hier den Kosten **Erlöse** gegenüber, die aber der oben genannten Definition entsprechen. Darüber hinaus bedient sich das R/3-System des Begriffs **Leistungsart**. Im R/3-Controlling wird damit die erbrachte Leistung einer Kostenstelle, in Mengen- oder Zeiteinheiten gemessen, dargestellt (z. B. Anzahl der Fertigungsstunden). Es handelt sich hierbei um den mengenmäßigen, nicht wertmäßigen Output einer Kostenstelle (vgl. CDI 1998, 67).

4 Wichtige Strukturelemente des Modul Controlling

4.1 Aufbau und Struktur des CO-Integrationsmodells

Die SAP hat die Software R/3 in einzelne Module gegliedert, die jeweils die speziellen Anforderungen aus den einzelnen Bereichen im Unternehmen abdecken. Englische Abkürzungen wurden vom deutschen Softwarehaus SAP gewählt, um die internationale Ausrichtung des Unternehmens zu unterstreichen.

.

Die Zusammenhänge zwischen den einzelnen Teilkomponenten des Moduls Controlling (CO) und den anderen R/3-Modulen lassen sich anhand des CO-Integrationsmodells darstellen.

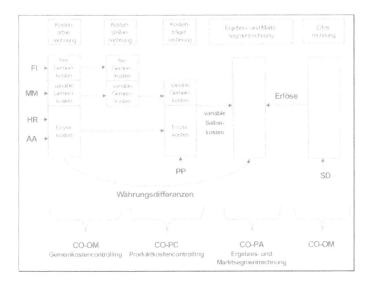

Abb. 1: Das CO-Integrationsmodell. – Quelle: FRIEDL, HILZ, PEDELL 2008, 21.

Die wichtigsten Module aus der Sicht des Controllings sind:

- **FI (Financials) – Finanzwesen**
  Hier werden durch die Erfassung von vielen Einzelbelegen Bilanzen sowie Gewinn- und Verlustrechnungen generiert.
- **MM (Material Management) – Materialwirtschaft**
  Im Modul MM sind das Bestellwesen und die Einkaufsabwicklung zu finden. Außerdem ist die Lagerverwaltung für Rohstoffe, Halbfertig- und Fertigerzeugnisse der Materialwirtschaft zugeordnet.
- **SD (Sales and Distribution) – Vertrieb**
  Das Modul SD wird für die Verwaltung von Kundenbestellungen und Angeboten, für die Abwicklung von Lieferungen und für die Erstellung von Rechnungen genutzt.
- **PP (Production Planning) – Produktionsplanung und –steuerung**
  In den Stücklisten des Moduls PP wird verwaltet, welche Rohstoffe für die Produktion welcher Fertigerzeugnisse eingesetzt werden. In Arbeitsplänen ist hinterlegt, welcher Zeitbedarf für welche Ressourcen bei der Produktion

zu berücksichtigen ist. Auf der Basis dieser Stammdaten werden Produkti-
onspläne erstellt und überwacht.

• **CO – Controlling**

Die GuV der Finanzbuchhaltung wird hier differenzierter betrachtet, und alle
betriebswirtschaftlichen Faktoren im Unternehmen werden nicht nur im Ist
abgerechnet, sondern bereits in der Planung bearbeitet. Zur Steuerung des
Unternehmens werden die Daten in Soll-Ist-Vergleichen aufbereitet (vgl.
BRÜCK 2008, 31).

4.2 Die wichtigsten Komponenten des Moduls Controlling

Das Modul CO wird weiter untergliedert in folgende drei Komponenten:

• **CO-OM (Overhead Management) - Gemeinkostenrechnung**
• **CO-PC (Product Costing) - Produktkostenrechnung**
• **CO-PA (Profitability Analysis) – Ergebnis- und Marktsegmentrech-
nung**

Die drei Komponenten des Controllings stehen in enger Beziehung zueinander.
Ohne die Gemeinkostenrechnung ist keine Produktkostenrechnung möglich. Die
Ergebnisrechnung ist auf Daten aus der Gemeinkosten- und der Produktkosten-
rechnung angewiesen. Außerdem besteht eine enge Verbindung von jeder ein-
zelnen Komponente des Controllings zu einem oder zwei anderen Modulen (vgl.
BRÜCK 2008, 33).

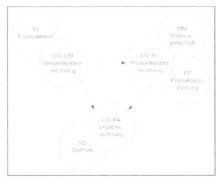

Abb. 2: Komponenten des Controllings in Verbindung mit anderen Modulen. – Quelle:
BRÜCK 2008, 32.

Eine Beschreibung der Aufgaben, die in den einzelnen Komponenten ausgeführt
werden, wird in den folgenden Unterkapiteln gegeben.

4.2.1 Gemeinkosten - Controlling (CO-OM) und dessen Teilkomponenten

Die Aufgabe des Gemeinkosten-Controllings ist die Planung, Verrechnung, Steuerung und Überwachung der Gemeinkosten. Es leistet wichtige Vorarbeit für eine aussagekräftige Ergebnis- und Marktsegmentrechnung, sowie für eine exakte Produktkostenkalkulation. Durch die Planung des Gemeinkostenbereichs lassen sich Standards festlegen, die eine Kontrolle der Kosten und eine Bewertung der innerbetrieblichen Leistungen ermöglichen. Sämtliche Gemeinkosten werden den Kostenstellen, auf denen sie angefallen sind, oder den Maßnahmen, die zu ihrer Entstehung führten, zugeordnet (vgl. SAP-ONLINEBIBLIOTHEK 2008).

Die **Controlling-Komponenten (CO-OM)** gliedern sich vor allem in die **fünf Teilkomponenten:**

1. **Kosten- und Erlösartenrechnung:** Die Kosten- und Erlösartenrechnung stellt den Teil der Kostenrechnung dar, in welchem die während einer Abrechnungsperiode angefallenen Kosten erfasst und gegliedert werden. In einem integrierten Rechnungswesen, wie es das R/3-System darstellt, ist eine besondere Erfassung der Kosten nicht notwendig.

2. **Kostenstellenrechnung:** In der Kostenstellenrechnung erfolgt eine Zuordnung der Gemeinkosten auf die Kostenstellen. Im Rahmen der innerbetrieblichen Leistungsverrechnung werden die Kosten der Vorkostenstellen auf die Endkostenstellen weiterverrechnet. Zu diesen Zweck verwendet SAP R/3 das interative Verfahren, wobei es in R/3 „mathematisches Verfahren" heißt. Mit Hilfe der Kostenstellenrechnung kann untersucht werden, wo im Unternehmen welche Kosten angefallen sind.

3. **Prozesskostenrechnung:** Die Geschäftsprozessplanung ist ein Vorgang, der in nahezu jedem Unternehmen anders gehandhabt wir. Branchenspezifische Besonderheiten, besondere organisatorische Strukturen und Verantwortlichkeiten erzwingen eine firmenindividuelle Gestaltung des Planungsprozesses.

4. **Gemeinkostenaufträge und -projekte:** Das betriebliche Auftragswesen gliedert sich in absatzbestimmte Aufträge und unternehmensinterne Aufträge. Absatzbestimmte Aufträge dienen hauptsächlich der logischen Steuerung von Einsatzfaktoren und Absatzleistungen. Das SAP R/3-System ermöglicht es, Innenaufträge über deren ganze Laufzeit zu kontrollieren. Von der Eröffnung über die Planung und Buchung sämtlicher Ist-Kosten bis zur endgültigen Abrechnung.

5. **Informationssystem:** Das Informationssystem stellt ein flexibles Konzernberichtswesen dar. Mit ihm sind differenzierte Auswertungen (Standard-, Abweichungs-, sowie Bedarfsberichte) möglich, wie z.b. Plan/Ist- oder Soll/Ist-Vergleiche zur Wirtschaftlichkeitskontrolle, oder die Überwachung der Kostenentwicklung durch mehrperiodigen Kostenausweis. Die Berichte des Informationssystems können interaktiv am Bildschirm abgerufen werden. Es können sowohl standardmäßige Auswertungen, als auch Berichte zu außerordentlichen Fragestellungen und Aufgaben erstellt werden (vgl. FRIDL, HILZ, PEDELL 2008, 23 ff.).

4.2.2 Produktkosten - Controlling (CO-PC)

Das Produktkosten - Controlling (CO-PC) ermittelt die Kosten, die bei der Herstellung eines Produkts oder der Erbringung einer Leistung anfallen. Genauer dient es der Plan-, Zwischen- und Nachkalkulation von Produkten und Dienstleistungen.

Die **Controlling-Komponente CO-PC** gliedert sich vor allem in die **drei Teilkomponenten:**

1. **Produktkalkulation:** In der Produktkalkulation wird die auftragsneutrale Kalkulation eines Produktes vorgenommen. Die Produktkalkulation umfasst die Funktionen der Erzeugniskalkulation und der Bauteilkalkulation. Die Erzeugniskalkulation ist ein Werkzeug zur Kostenplanung und Preisbildung für Produkte. Sie dient dazu, die Herstell- und Selbstkosten pro Erzeugniseinheit zu ermitteln. Die Bauteilkalkulation wird verwendet, wenn mindestens ein Bauteil nicht in SAP R/3 angelegt ist.

2. **Kostenträgerrechnung:** Die Kostenträgerrechnung ist ein Teilbereich der Kostenrechnung, welcher die Frage stellt: *Wofür sind Kosten entstanden?* Die Kostenträgerrechnung rechnet die im Unternehmen angefallenen Kosten den Leistungseinheiten des Betriebs zu. Die Kostenträgerrechnung kann für verschiedene betriebliche Planungs- und Entscheidungsprobleme eingesetzt werden. Unter anderem dient sie dazu, festzustellen, für welche betrieblichen Leistungseinheiten **Kosten angefallen** sind, die **Preisuntergrenze** pro Produkt oder Auftrag zu ermitteln, die **Bestände** an unfertigen und fertigen Erzeugnissen zu bewerten, die **Produktionsabweichungen** zu ermitteln und die Herstellkosten eines Produktes zu optimieren. Die Kostenträgerrechnung liefert somit **Basisinformationen** für folgende betriebswirtschaftliche Funktionen wie z.B.

Preisbildung, Preispolitik, Bestandsbewertung, Produktkosten-Controlling, Ergebnisrechnung sowie die *Profit Center-Rechnung.*

3. **Informationssystem:** Das Informationssystem stellt ein flexibles Konzernberichtswesen dar. Mit Hilfe des Informationssystems sind differenzierte Auswertungen möglich, wie z. B. Berichtsauswahlmöglichkeiten zu den Themen Erzeugniskalkulation, Bauteilkalkulation, Prozessfertigung und Serienfertigung (vgl. FRIDL, HILZ, PEDELL 2008, 25 f.).

4.2.3 Ergebnis- und Marktsegmentrechnung (CO-PA)

Die Ergebnis- und Marktsegmentrechnung dient dem Ergebnis-Controlling des Unternehmens. Die Komponente CO-PA unterstützt die Beurteilung von Marktsegmenten gegliedert nach *Produkten, Kunden, Aufträgen und beliebigen Verdichtungen dieser Begriffe oder Unternehmenseinheiten wie Buchungskreisen oder Geschäftsbereichen* im Hinblick auf ihren Ergebnis- bzw. Deckungsbeitrag. Ziel des Systems ist es, aus der Sicht des Marktes die Bereiche Vertrieb, Marketing, Produkt-Management und Unternehmensplanung mit Informationen für das Controlling und die Entscheidungsfindung zu unterstützen. CO-PA kann in Unternehmen beliebiger Branchen und Fertigungstypen eingesetzt werden. Der Ergebnisausweis kann perioden- oder auftrags-/projektbezogen erfolgen (vgl. FRIDL, HILZ, PEDELL 2008, 28 f.).

4.3 Die Organisationseinheiten im Modul Controlling

Bei der Einführung eines SAP R/3- System muss die Organisation des Unternehmens im System abgebildet werden. Das System R/3 unterscheidet hierbei fünf verschiedene Organisationsstrukturen:

1. **Vertrieb**
2. **Produktionslogistik**
3. **Buchhaltung**
4. **Kostenrechnung**
5. **Personalwesen**

Die Organisationsstrukturen können weitgehend unabhängig voneinander definiert werden. Innerhalb der einzelnen Organisationsstrukturen sind einzelne Organisationseinheiten abzubilden. Die hohe Integrationstiefe des SAP R/3-Systems bedingt aber die Definition von einzelnen Organisationseinheiten, die ggf. für verschiedene Module relevant sind.

Von übergeordneter Bedeutung für ein SAP R/3-Systems ist der **Mandant**. Ein Mandant ist eine, aus einer oder mehreren selbständig bilanzierenden Einheiten (Buchungskreise) bestehende Unternehmung. Ein weiteres Beispiel für eine Organisationseinheit, aus dem Bereich der Logistik ist das **Werk**. Das Werk ist eine organisatorische Einheit, die das Unternehmen aus Sicht der Produktion, Beschaffung, Instandhaltung und Disposition gliedert. In einem Werk werden Materialien produziert bzw. Waren und Dienstleistungen bereitgestellt (vgl. FRIEDL, HILZ, PEDELL 2008, 29 f.).

Für das bessere Verständnis werden die wichtigsten Organisationseinheiten im Bereich **Buchhaltung** und **Kostenrechnung** kurz definiert.

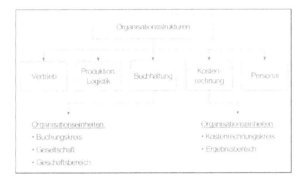

Abb. 3: Überblick über die Organisationsstrukturen. – Quelle: FRIEDL, HILZ, PEDELL 2008, 33.

4.3.1 Die Organisationseinheit der Buchhaltung

Wesentliche Organisationseinheiten der Buchhaltung sind folgende Einheiten:

- **Der Buchungskreis:** Mindestens ein Buchungskreis wird für jeden Mandanten eingerichtet. Ein Buchungskreis ist im R/3-System als rechtlich selbständig bilanzierende Einheit definiert (z. B. Firma). Werden mehrere Buchungskreise für einen Mandanten eingerichtet, so stellt dieser Mandant einen Konzern und die einzelnen Buchungskreise die Konzernunternehmen dar.
- **Gesellschaft:** Sie ist die kleinste organisatorische Einheit, für die nach der jeweiligen Handelsgesetzgebung ein Einzelabschluss zu erstellen ist. Eine Gesellschaft kann einen oder mehrere Buchungskreise umfassen. Der Abschluss einer Gesellschaft dient als Grundlage für einen Konzernabschluss. Alle Buchungskreise einer Gesellschaft müssen mit demsel-

ben Kontenplan und Geschäftsjahr arbeiten. Die Hauswährung der einzelnen Buchungskreise kann unterschiedlich sein.

- **Geschäftsbereich:** Dies ist die Organisatorische Einheit des externen
  Rechnungswesens, die einem abgegrenzten Tätigkeitsbereich oder Ver-
  antwortungsbereich im Unternehmen entspricht, dem in der Finanzbuchhaltung erfasste Wertebewegungen zugerechnet werden können. Ge-
  schäftsbereiche stellen Bilanzierungseinheiten dar, die ihre eigenen Ab-
  schlüsse für interne Zwecke erstellen. Der Geschäftsbereich dient in ers-
  ter Linie der über Buchungskreise hinausgehenden unternehmensexter-
  nen Segmentberichterstattung bezüglich signifikanter Tätigkeitsfelder des
  Unternehmens (z. B. Produktlinien, Niederlassungen) (vgl. SAP ONLINE-
  BIBLIOTHEK 2008).

4.3.2 Die Organisationseinheit der Kostenrechnung

Die Organisationseinheit der Kostenrechnung besteht aus folgenden Einheiten:

- **Kostenrechnungskreis:** Dies ist die Organisatorische Einheit innerhalb
  eines Unternehmens, für die eine vollständige, in sich geschlossene
  Kostenrechnung durchgeführt werden kann. Ein Kostenrechnungskreis
  kann einen oder mehrere, ggf. in unterschiedlichen Währungen operie-
  rende Buchungskreise umfassen. Die zugehörigen Buchungskreise müssen alle denselben operationalen Kontenplan nutzen. Im Kostenrechnungskreis werden die innerbetrieblichen Geschäftsvorfälle abgebildet,
  wobei die primären Kosten aus dem externen Rechnungswesen übernommen und nach innerbetrieblichen Gesichtspunkten gegliedert werden.
- **Ergebnisbereich:** Ein Ergebnisbereich bildet einen Teil eines Unternehmens ab, für den eine einheitliche Segmentierung des Absatzmarkts vor-
  liegt. Der Ergebnisbereich bildet die Auswertungsebene für die Ergebnis-
  und Marktsegmentrechnung (CO-PA) (vgl. SAP ONLINEBIBLIOTHEK
  2008).

Wie folgende Abbildung verdeutlicht, können einem Mandanten jeweils mehrere
Ergebnisbereiche, Kostenrechnungs- und Buchungskreise sowie Geschäftsbe-
reiche zugeordnet werden. Mit einem Ergebnisbereich können wiederum mehrere Kostenrechnungskreise und mit selbigen jeweils mehrere Buchungskreise in
Beziehung gesetzt werden. Voraussetzung hierfür ist allerdings, dass sie denselben Kontenplan verwenden (vgl. FRIEDL, HILZ, PEDELL 2008, 32).

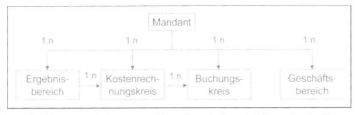

Abb. 4: Beziehungen zwischen ausgewählten Organisationseinheiten. – Quelle: FRIEDL, HILZ, PEDELL 2008, 33.

5 Das betriebliche Rechnungswesen in R/3

5.1 Die Konzeption des betrieblichen Rechnungswesens im R/3-System

Das betriebliche Rechnungswesen ist die zentrale Komponente zur Erfassung, Steuerung und Verteilung von ergebnisrelevanten Daten im Unternehmen. Es wird in einen internen und in einen externen Rechnungskreis unterteilt. Aufgabe des externen Rechnungswesens ist die Führung der Haupt- und Geschäftsbuchhaltung mit den gesetzlichen Nebenbüchern, während die Kosten- und Leistungsrechnung Aufgabe des internen Rechnungswesens ist. Im R/3-System wird das externe Rechnungswesen im Modul FI, das interne im Modul CO abgebildet. Die Besonderheit des R/3-Systems besteht nun darin, dass die im Modul FI gesammelten Daten, die das interne Rechnungswesen betreffen, ohne zusätzlichen Aufwand an das Modul CO weitergegeben werden. Das R/3-System bietet somit den Vorteil eines zeitnahen Controllings. Voraussetzungen für eine solche Integration von internem und externem Rechnungswesen sind:

- **Nutzung eines gemeinsamen Kontenplans**
- **Mitführung von Zusatzkontierungen bei der Belegerfassung**
- **Einzelbelegverbuchung nach einem durchgängigen Belegkonzept**

Der Kontenplan ist dabei das Verzeichnis aller innerhalb eines Buchungskreises verfügbaren Konten. Aus diesem Grund ist jeder Buchungskreis und Kostenrechnungskreis genau einem Kontenplan zugeordnet. Dieser muss in den zusammengehörigen Buchungs- und Kostenrechnungskreisen identisch sein.
Bei dem Vorgang der Datenübergabe werden die Daten der Aufwands- und Ertragskonten der Finanzbuchhaltung in die Kostenrechnungskonten (Kostenarten/Erlösarten) übernommen. Dabei müssen die Kostenrechnungskonten den Aufwands- und Ertragskonten der Finanzbuchhaltung entsprechen. Die in diesen Kostenrechnungskonten enthaltenen Kosten stellen im R/3-System primäre Kos-

tenarten dar. Im Modul CO werden zusätzlich noch sekundäre Kostenarten angelegt, die nur vom Controlling gebucht werden können. Sie sind nötig, um die für
die Kostenrechnung benötigten Verrechnungen, Umlagen und Abgrenzungen
bilden und weiterverarbeiten zu können (vgl. CDI 1996, 80 f.).

5.2 Die Abgrenzungen

Werden betriebliche Aufwendungen in der Finanzbuchhaltung anders behandelt
als in der Kostenrechnung, so müssen diese abgegrenzt werden.
Unterschiede bei der Behandlung von Aufwendungen entstehen dann, wenn die
Buchungen in der Finanzbuchhaltung mit ungleichen Perioden oder anderen
Mengen bzw. Wertansatz als in der Kostenrechnung erfolgen. Hierbei handelt es
sich dann um kalkulatorische Kosten.
Ein typisches Beispiel für einen Aufwand, der in der Kostenrechnung zeitlich
abzugrenzen ist, sind Personalkosten wie Weihnachtsgeld. Um zeitliche Kosten-
schwankungen innerhalb der Kostenrechnung zu vermeiden, kann das Weihnachtsgeld auf das ganze Jahr verteilt (abgegrenzt) werden.
Damit die Kostenrechnung aber mit der Finanzbuchhaltung abgestimmt bleibt,
wird für jede Belastung, z. B. einer Kostenstelle durch Abgrenzung, ein speziell
für diesen Zweck vorhandenes Abgrenzungsobjekt angelegt. Wenn der Aufwand
(z. B. die Zahlung des Weihnachtsgeldes) tatsächlich anfällt, so fließt er als Be-
lastungsbuchung auf das entsprechende Abgrenzungsobjekt (vgl. SAP 1996, 31).

5.3 Das Abstimmledger

In einem integrierten Rechnungswesen wie dem R/3-Rechnungswesen müssen
die Daten des externen und internen Rechnungswesens überschaubar und ge-
geneinander abstimmbar sein. Wertflüsse innerhalb der Kostenrechnung, die
Auswirkungen auf die Bilanz und GuV eines Unternehmens haben, müssen an
die Finanzbuchhaltung weitergegeben werden. Diese Daten zu verdichten und
weiterzuleiten ist Aufgabe des Abstimmledgers. Liegen zudem innerbetriebliche
Leistungsverrechnungen vor, welche die Grenzen von Buchungskreisen, Geschäftsbereichen oder Funktionsbereichen überschreiten, so nimmt das Ab-
stimmledger die nötigen Verrechnungsbuchungen vor (vgl. SAP ONLINEBIBLIO-
THEK 2008).

6 Stammdaten der Kostenrechnung im Modul Controlling anlegen

In der Kostenstellenrechnung des SAP R/3-Controllings wird zwischen **Stammdaten** und **Bewegungsdaten** unterschieden.

Bewegungsdaten sind Daten, die jederzeit je nach Geschäftsvorfall, in das laufende System eingegeben und wieder geändert werden können. So handelt es sich zum Beispiel, wenn der Anwender eine Eingangsrechnung in der Finanzbuchhaltung erfasst oder Plandaten ändert, um Bewegungsdaten.

Stammdaten hingegen ändern sich im laufenden Systembetrieb innerhalb der einzelnen Abrechnungszeiträume kaum. Sie bestimmen die Struktur der Komponenten CO-CCA. Stammdaten im System der Kostenstellenrechnung sind beispielsweise Kostenarten, Kostenstellen, Leistungsarten sowie statistische Kennzahlen (vgl. LIENING, SCHERLEITHNER 2001, 141).

Abb. 5: Daten in der Kostenrechnung. – Quelle: KLENGER, FALK-KALMS 2005,153.

6.1 Kostenarten anlegen

Das Rechnungswesen ist im System SAP R/3 als Einkreissystem organisiert. In einem Einkreissystem werden die primären Kosten- und Erlösarten aus den Aufwands- und Ertragskonten der Gewinn- und Verlustrechnung übernommen. Für die Kostenrechnung wird kein separater Abrechnungskreis angelegt. Die Definition von Kostenarten steht damit im SAP R/3-System in engem Zusammenhang mit den Sachkonten der Finanzbuchhaltung. Bei der Kostenartenpflege in CO-CCA wird zwischen primären Kosten- und Erlösarten, sowie den sekundären Kostenarten unterschieden (vgl. LIENING, SCHERLEITHNER 2001, 141).

Bevor man eine Funktion zum Anlegen einer Kostenart aufruft, muss man sich entscheiden, ob man eine **primäre** oder **sekundäre Kostenart** anlegen will.

6.1.1 Primäre Kostenarten anlegen

Eine primäre Kostenart bzw. Erlösart ist eine kosten- bzw. erlösrelevante Position des Kontenplans, für die im Finanzwesen ein entsprechendes Sachkonto vorhanden ist. Sie kann nur dann angelegt werden, wenn sie zuvor im Kontenplan als Sachkonto verzeichnet und im Finanzwesen als Konto angelegt wurde. Beim Anlegen prüft das R/3-System, ob ein entsprechendes Konto im Finanzwesen angelegt wurde (vgl. SAP ONLINEBIBLIOTHEK 2008).

Primäre Kostenarten sind der Ausgangspunkt. Es sind Kostenarten, die durch den Werteverzehr im Produktionsprozess entstehen, wie z.B. Personalkosten, Personalnebenkosten, kalkulatorische Abschreibung, kalkulatorische Zinsen. Es handelt sich um die Kosten der Produktionsfaktoren, die von außen bezogen werden (z.B. Material, Personal, Betriebsmittel, Maschinen) (vgl. KLENGER, FALK-KALMS 2005, 153 f.).

Primäre Kosten werden über die Funktion   STAMMDATEN / KOSTENART / EIN-ZELVERARBEITUNG / ANLEGEN PRIMÄR angelegt.

6.1.2 Sekundäre Kostenarten anlegen

Sekundäre Kostenarten lassen sich ausschließlich in der Kostenrechnung anlegen und verwalten. Sie dienen der Abbildung des innerbetrieblichen Werteflusses z.B. bei innerbetrieblichen Leistungsverrechnungen, Zuschlagsrechnungen und Abrechnungsvorgängen. Beim Anlegen von sekundären Kostenarten prüft das System, ob das Konto bereits im Finanzwesen vorhanden ist. Ist dies der Fall, so kann die sekundäre Kostenart in der Kostenrechnung nicht angelegt werden (vgl. SAP ONLINEBIBLIOTHEK 2008).

Sekundäre Kosten werden über die Funktion   STAMMDATEN / KOSTENART / EIN-ZELVERARBEITUNG / ANLEGEN SEKUNDÄR angelegt.

6.2 Leistungsarten anlegen

Der Betriebswirtschaftliche Begriff „**Bezugsgröße**" wird in CO-CCA als **Leistungsart** bezeichnet. Leistungsarten sind Meßeinheiten für die Kostenverursachung, die den Output einer Kostenstelle kennzeichnen. Leistungsarten sind also mit anderen Worten die erbrachte Leistung einer Kostenstelle. Sie werden in Mengen- oder Zeiteinheiten gemessen (z.B. die Anzahl der Fertigungsstunden). In der Kostenstellenrechnung werden innerbetriebliche Leistungen benötigt. Im Rahmen der innerbetrieblichen Leistungsverrechnungen stellen die Leistungsar-

ten die Basis für die Ermittlung der Verrechnungstarife. Das Gesamtergebnis der Kostenstelle wird durch die geplante Leistung der Leistungsarten dividiert, woraus sich ein Planpreis pro Leistungsart ergibt, der bei der innenbetrieblichen Leistungsverrechnung verwendet wird. Die im CO-System bestimmten Leistungsarten werden als Stammsätze geführt (vgl. LIENING, SCHERLEITHNER 2001, 148).

Mit der Menüfolge   STAMMDATEN / LEISTUNGSARTEN / EINZELBEARBEITUNG / ANLEGEN wird das Einstiegsbild zur Anlage von Leistungsarten aufgeführt.

6.3 Kostenstellen anlegen

Kostenstellen dienen generell dem Zweck, Gemeinkosten zu erfassen und umzulegen. Sie sind die kleinsten Verantwortungsressorts in einem Betrieb. Zum Zweck eines Gemeinkosten-Controllings werden sie zu Steuerungs- und Entscheidungsbereichen zusammengefasst. Dies wurde auch in der Kostenstellenrechnung des SAP R/3-Controlling berücksichtigt.

Durch die Definition von Stammdatengruppen können in CO-CCA die Stammdaten hierarchisch gegliedert werden. Während die Definition von hierarchischen Strukturen bei der Pflege von Kosten- und Leistungsarten optional ist, muss bei der Anlage von Kostenstellenstammdaten eine hierarchische Kostenstellenstruktur zwingend erstellt werden. In der Kostenstellenrechnung des R/3-Systems nennt man diese Struktur **Standardhierarchie**. Wenn eine Kostenstelle angelegt wird, muss sie einem Teilbereich dieser Standardhierarchie zugeordnet werden. Die Standardhierarchie ist dem Kostenrechnungskreis direkt zugeordnet. Daraus ergeben sich im Vergleich mit der alternativen Kostenstellenhierarchie folgende Unterschiede:

- Die Standardhierarchie unterscheidet sich von anderen Hierarchien durch die Zusammenfassung sämtlicher dem Kostenrechnungskreis zugeordneten Kostenstellen.

- Zusätzlich zur Standardhierarchie können beliebig viele Alternativhierarchien eingerichtet werden. Welche Kostenstellen den alternativen Hierarchien zugeordnet werden, ist frei wählbar (vgl. LIENING, SCHERLEITHNER 2001, 154).

Mit der Menüfolge   STAMMDATEN / STANDARDHIERARCHIE / ÄNDERN / ANLEGEN wird das Einstiegsbild aufgerufen.

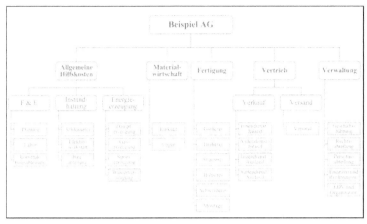

Abb. 6: Kostenstellen-Standardhierarchie (Beispiel AG). – Quelle: KLENGER, FALK-KALMS 2005,159.

6.4 Statistische Kennzahlen anlegen

Statistische Kennzahlen werden zur internen Verrechnung verwendet, wie zum Beispiel zur Verteilung bzw. Umlage von innerbetrieblichen Leistungen. Auch zur Bestimmung von Kennzahlen auf Kostenstellen oder Aufträgen kann man sie einsetzen. Als statistische Kennzahl kann auf diese Weise beispielweise die Mitarbeiterzahl eingegeben werden. Eine solche Information ist für die Arbeitskräfteplanung, die Lohnabrechnung und daher auch für die Kalkulation und Umlage der Gemeinkosten von Bedeutung, da sich diese proportional aus der Mitarbeiterzahl ergeben. Auch die Größe der in einem Produktionsvorgang genutzten Fläche, kann als statischtische Kennzahl zur Flächenplanung oder zur proportionalen Umlage dieser Art von Gemeinkosten vorgegeben werden (vgl. LIENING, SCHERLEITHNER 2001, 148).

Nach Aufruf der Menüfolge   **STAMMDATEN / STATIST.KENNZAHLEN / EINZELBEARBEITUNG / ANLEGEN** wird das Anforderungsbild der Kennzahlenpflege angezeigt.

7 Die konkrete Anwendung des Moduls CO

7.1 Aufgaben und Ziele der Kostenstellenplanung

Die Kostenstellenplanung dient dazu, Planzahlen für Kosten, Leistungen, Tarife oder statistische Kennzahlen auf Kostenstellenebene für einen bestimmten Planungszeitraum festzulegen. Durch den Vergleich der tatsächlichen Ereignisse mit

der Planung können Abweichungen bestimmt werden. Eine Kostenstellenplanung ist ein Teil der Gesamtunternehmensplanung und die Voraussetzung für eine Plankostenrechnung. Das wesentliche Merkmal der Plankostenrechnung ist das Planen von Werten und Mengen, unabhängig von den Ist-Werten vergangener Perioden für bestimmte Zeiträume. Die Anwender können die Planung der Kosten und der Leistungsmengen zur Ermittlung von Verrechnungspreisen (Tarifen) heranziehen. Mit diesen Tarifen bewerten sie die innerbetrieblichen Leistungen während der laufenden Periode, also schon bevor die Kosten bekannt sind (VGL. TEUFEL, RÖHRRICHT, WILLMES 2000, 217).

Die **Ziele** der Kostenstellenplanung können folgendermaßen gegliedert werden:

- **Planerische Gestaltung** der betrieblichen Zukunft für einen klar abgegrenzten Zeitraum sie sollten genaue Vorgaben und Zielerreichungsgrade definieren. Sie müssen die unternehmensinternen und die externen Gegebenheiten entsprechend berücksichtigen.

- **Steuerung des Geschäftsgebarens** während der aktuellen Abrechnungsperiode. Dadurch können sie eine möglichst genaue Einhaltung des Planes sicherstellen. Im Rahmen einer dynamischen Planung lassen sich die Zielvorgaben an die veränderten Rahmenbedingungen anpassen.

- **Wirtschaftlichkeitskontrolle** nach Abschluss der Abrechnungsperiode anhand von Plan/Ist- bzw. Soll/Ist-Vergleichen

- Vorgabe einer Grundlage zur **Bewertung betrieblicher Leistungen**, die unabhängig von zufälligen Schwankungen ist (vgl. TEUFEL, RÖHRRICHT, WILLMES 2000, 218).

7.2 Die Kostenstellenplanung in R/3

Die folgende Grafik (Abb. 7) soll einen Überblick über den Umfang der verschiedenen Planungsgebiete wiedergeben:

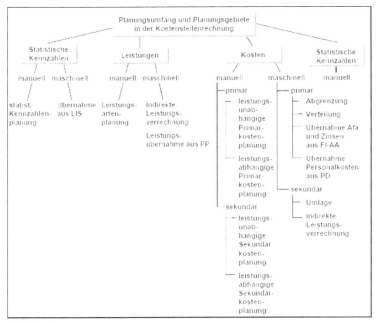

Abb.7: Planungsumfang und -gebiet in der Kostenstellenrechnung. - Quelle: Eigene Darstellung in Anlehnung an SAP Onlinebibliothek.

7.2.1 Planung statistischer Kennzahlen

Statistische Kennzahlen können als einfache Kennzahlen für eine Kostenstelle definiert werden. Denkbar wären z.b. Anzahl der Mitarbeiter, verbrauchte Kilowattstunden oder verbrauchte Telefoneinheiten.

Kennzahlen dienen als Information für den Kostenstellenverantwortlichen:

* zur Berechnung weiterer Kennzahlen auf der Kostenstelle
* als Bezugsbasis für Verrechnungen von Kosten/Mengen im Rahmen von maschinellen Verrechnungsverfahren wie Umlagen, Verteilungen und indirekten Leistungsverrechnungen (vgl. TEUFEL, RÖHRICHT, WILLEMS, 2000, 218).

Diese statistischen Kennzahlen können entweder manuell oder aber maschinell geplant werden. Die manuelle Planung erfolgt über Planungslayouts. Diese können im Customizing individuell eingerichtet werden. Daneben besteht die Möglichkeit, die Kennzahlen maschinell d.h. automatisiert aus dem Logistik-

Informationssystem zu übernehmen (VGL. HEUSER, GÜNTHER, HATZFELD, 2003, 293).

7.2.2 Planung von Leistungsarten

Mit Hilfe der Leistungsartenplanung kann der mengenmäßige Output einer Kostenstelle geplant werden. Diese Kostenstelle kann dann durch eine verursachungsgerechte innerbetriebliche Verrechnung entlastet werden (vgl. WENZEL 1996, 175).

Mit Hilfe von Äquivalenzziffern werden dabei die Kosten, die keiner Bezugsgröße direkt zurechenbar sind, auf die verschiedenen Bezugsgrößen verteilt (vgl. KLENGER, FALK-KALMS 2002, 278).

Die Leistungsartenplanung ist Vorraussetzung für die Primär- und Sekundärkostenplanung, da die Kosten einer Kostenstelle auf die Leistungsarten bezogen und daraus die Verrechnungstarife für die innerbetriebliche Leistungsverrechnung ermittelt werden (vgl. LIENING, SCHERLEITHNER 2001, 190).

7.2.3 Planung der Primärkosten

Als Primärkosten gelten alle Belastungen, die aus Rechtsgeschäften des Unternehmens mit Dritten, oder aus dem Verbrauch von Vermögenswerten des Unternehmens, wie z.B. Abschreibungen des Anlagevermögens, hervorgehen. Mit Hilfe der Integration durch SAP R/3 kann die Ableitung von Plankosten aus anderen SAP Modulen erfolgen. Beispielhaft sei hier auf Abschreibungen aus der Anlagenbuchhaltung verwiesen (vgl. HEUSER, GÜNTHER, HATZFELD 2003, 279).

Die Planung der Primärkosten kann auf **manuelle** oder auf **maschinelle** Weise erfolgen.

7.2.3.1 Manuelle Primärkostenplanung

Die manuelle Primärkostenplanung erfolgt anhand eines Planungslayouts. Dabei muss man die entsprechenden Plandaten händisch einpflegen. Des Weiteren kann man bei der manuellen Primärkostenplanung noch die **leistungsabhängige** und **leistungsunabhängige Primärkostenplanung** unterscheiden (vgl. HEUSER, GÜNTHER, HATZFELD, 2003, 299).

Da dies keinen wesentlichen Zusammenhang mit der integrierten Planung hat, soll darauf nicht näher eingegangen werden.

7.2.3.2 Maschinelle Primärkostenplanung

Im Rahmen der maschinellen Primärkostenplanung ermittelt das R/3-System nach vorgegebenen Regeln die primären Kosten automatisch. Die maschinelle Primärkostenplanung setzt deshalb voraus, dass entsprechende Regeln und Parameter vorhanden sind. Die Verfahren der maschinellen Primärkostenplanung sind:

- **Planabgrenzung:** Bei der Planabgrenzung werden kalkulatorische Kosten auf der Basis prozentualer Zuschlagssätze automatisch geplant.

- **Planverteilung:** Bei der Planverteilung werden primäre Kosten, die auf Sammelkostenstellen geplant sind, unter Beibehaltung der Originalkosten auf andere Kostenstellen verteilt.

Bei der maschinellen Primärkostenplanung kann die Reihenfolge beliebig gestaltet werden. Zu beachten ist jedoch folgendes:

- Wenn im ersten Teilschritt die Abgrenzung durchgeführt wird, können im Anschluss daran die abgegrenzten Summen verteilt werden.

- Wenn die Verteilung zuerst durchgeführt wird, können später die verteilten Beträge in der Abgrenzung berücksichtigt werden (vgl. LIENING, SCHERLEITHNER 2001, 191).

7.2.4 Planung der Sekundärkosten

Unter den Begriff Sekundärkosten fallen alle Kosten, die im Rahmen der Kostenverrechnung mit unternehmensinternen Kostenstellen entstehen. Diese Kosten werden durch die interne Leistungsverrechnung geplant. Dabei wird ermittelt, welche Mengen an Leistungen von welcher Kostenstelle nachgefragt werden. Da diese Leistung einen Preis hat, kann dann das Produkt aus Leistungsmenge und Leistungspreis dem Leistungsempfänger belastet und der Leistungserbringer mit diesen Produkt entlastet werden. Eine weitere Möglichkeit besteht darin, die Kosten von einer Kostenstelle auf eine andere über einen Schlüssel zu verteilen. Durch diese Variante werden keine Leistungen zwischen den Kostenstellen ausgetauscht. Es werden lediglich die Kosten nach einem festgelegten Prinzip auf die Kostenstellen verteilt (vgl. HEUSER, GÜNTHER, HATZFELD 2003, 279 ff.).

Die Sekundärkostenplanung lässt sich, wie bereits die Primärkostenplanung, in manuelle und in maschinelle Planungsmethoden unterteilen.

7.2.4.1 Manuelle Sekundärkostenplanung

Bei der manuellen Sekundärkostenplanung werden die sekundären Kosten in Form von Leistungsaufnahmen in vordefinierten Planungsmasken erfasst und die Leistungsbeziehung zwischen den einzelnen Kostenstellen mengenmäßig dargestellt. Auf diese Weise lässt sich zum Beispiel planen, dass einer Fertigungskostenstelle in der Planungsphase zehn Reparaturstunden von der Reparaturkostenstelle zugewiesen werden. Die mengenmäßigen Leistungsbeziehungen werden erst bei der späteren Tarifermittlung bewertet.

Im Rahmen der manuellen Sekundärkostenplanung unterteilt man in:

*   **Leistungsabhängige Leistungsaufnahme:** Die von der Senderkostenstelle aufgenommene Leistungsartenmenge hängt von der Leistungsart der Empfängerkostenstelle ab.

*   **Leistungsunabhängige Leistungsaufnahme:** Die von der Senderkostenstelle aufgenommene Leistungsartenmenge ist von den Leistungsarten der Empfängerkostenstelle unabhängig (vgl. LIENING, SCHERLEITHNER 2001, 190).

7.2.4.2 Maschinelle Sekundärkostenplanung

Bei der maschinellen Sekundärkostenplanung kann man die **Kostenstellenumlage** und die **indirekte Leistungsverrechnung** unterscheiden. Die *indirekte Leistungsverrechnung* wird genutzt, wenn die Leistungsempfänger die Inanspruchnahme von Mengen einer Leistungsart von einem Leistungserbringer nicht manuell planen aber aus Abhängigkeiten von anderen Faktoren ableiten können. Bei der *Kostenstellenumlage* werden die Kosten automatisch ohne Anwendung von Leistungsarten zwischen den Kostenstellen verrechnet. Dabei wird ein bestimmter Kostenbetrag nach einem Schlüssel aufgeteilt und auf die einzelnen Kostenstellen verteilt (vgl. HEUSER, GÜNTHER, HATZFELD 2003, 308 ff.).

7.2.5 Plantarifermittlung

Die Plantarifermittlung errechnet Tarife der geplanten Leistungsarten je Kostenstelle und Leistungsart bzw. der geplanten Geschäftsprozesse. Im Plan berücksichtigt das SAP-System alle geplanten Leistungsbeziehungen zwischen den Kostenstellen und Geschäftsprozessen und errechnet die Tarife iterativ durch Division der Plankosten durch die Planleistung. Alternativ kann der fixe Anteil des Tarifes auch durch den Quotienten aus Plankosten und Kapazität ermittelt werden. Dies ist immer dann sinnvoll, wenn die Kosten der Bereitstellung für die

Maximalleistungsmenge die Kalkulation eines Produktes nicht beeinflussen sollen. Beispielsweise muss eine Energieversorgungskostenstelle immer die Maximalleistung bereitstellen, auch wenn diese Leistungsmenge nicht jederzeit beansprucht wird. In diesem Fall sollen die fixen Kosten der Bereitstellung auf der Kostenstelle verbleiben, da Sie nicht direkt in dieser Höhe auf die Produktkosten zugerechnet werden können (vgl. HEUSER, GÜNTHER, HATZFELD 2003, 308 ff.).

8 Schlussbetrachtung

Das Modul CO ist aufgrund seines Funktionsumfanges ein leistungsstarkes Controllinginstrument. Dabei lässt sich das Modul CO im Rahmen des Customizing individuell an die Belange und Strukturen des Unternehmens anpassen. Dieses beinhaltet die Frage nach dem auszuwählenden Kostenrechnungssystem ebenso, wie die Frage nach der Position des Controllings innerhalb des Unternehmens oder Konzerns. Das Controlling muss sich also nicht einer, von der SAP AG vorgegebenen, standardisierten Sicht des Controllings anpassen. Mit diesem Hintergrund ist es nahezu überall einsetzbar.

Ein Vorteil des Moduls ist die einheitliche grafische Benutzeroberfläche, die es mit den anderen R/3-Modulen gemein hat. Zudem lassen sich systemexterne Anwendungen, wie Microsoft Word oder Microsoft Excel bei Bedarf einbinden. Dies sichert dem R/3-Anwender eine hohe Benutzerfreundlichkeit. Ein weiterer Vorteil des Moduls CO sind die vorgefertigten Lösungen und Berichte. Sie führen oftmals zu einer Zufuhr von betriebswirtschaftlichem Know-how in die Unternehmung. Dies gilt speziell für mittelständige Unternehmen, welche üblicherweise ein einfacheres Controllingsystem einsetzen.

Sollte vor der Einführung des Moduls noch keine EDV-Unterstützung für das Controlling existiert haben, so erweitert sie den Betrachtungshorizont für die Unternehmenssteuerung erheblich. Diesen Aspekt hat das Modul CO mit anderen Managementinformationssystemen gemein. Durch die Einführung eines Managementinformationssystems steigt die Menge der Informationen stark an, und mit Hilfe der EDV lassen sich komplexe Zusammenhänge darstellen und planen. Dies führt zu einer Erweiterung der Sicht, weg vom Detail, hin zu einer globalen Sicht der Zusammenhänge innerhalb der Unternehmung.

Der größte Vorteil des Moduls CO und gleichzeitig der größte Unterschied zu anderen Managementinformationssystemen (z. B. ERFI, REVIPLAN) stellt jedoch die Integration in das R/3-System dar. Durch die enge Verknüpfung und die teil-

weise automatischen Operationen, wie das Mitbuchen spezieller Controlling-objekte, wird der Aufwand bei der Erfassung und Planung von Daten minimiert. Zudem ermöglicht die Integration ein zeitnahes Erfassen der Daten, wodurch bei Bedarf eine schnellere Reaktion seitens der Unternehmensleitung erfolgen kann.

Der hohe Aufwand, der für die Integration während der Customizing-Phase betrieben werden muss, stellt aber auch einen Nachteil dar. Speziell mittelständige Unternehmen müssen prüfen, ob der hohe Aufwand gerechtfertigt ist, da andere Systeme nicht nur schneller eingeführt, sondern oftmals auch intuitiver zu bedienen sind, wodurch die Schulungskosten für die Mitarbeiter verringert werden.

Ein weiterer Punkt, der bei der Betrachtung des Moduls CO zu bemängeln ist, stellt die unterschiedliche Definition und Verwendung von betriebswirtschaftlichen Begriffen dar, die einen Einstieg in das R/3-Controlling erschweren. Abschließend kann also gesagt werden, dass das Modul CO ein machtvolles Instrument zur Unterstützung des Controllings darstellen kann, jedoch überprüft werden muss, ob sich das Unternehmen für den Einsatz eignet.

Mittlerweile bietet die SAP AG eine Weiterentwicklung der SAP R/3-Software an, diese wurde an die Ansprüche einer modernen Software im Internetzeitalter angepasst und nennt sich mySAP.com!